Mi perro y mi canoa carmesí

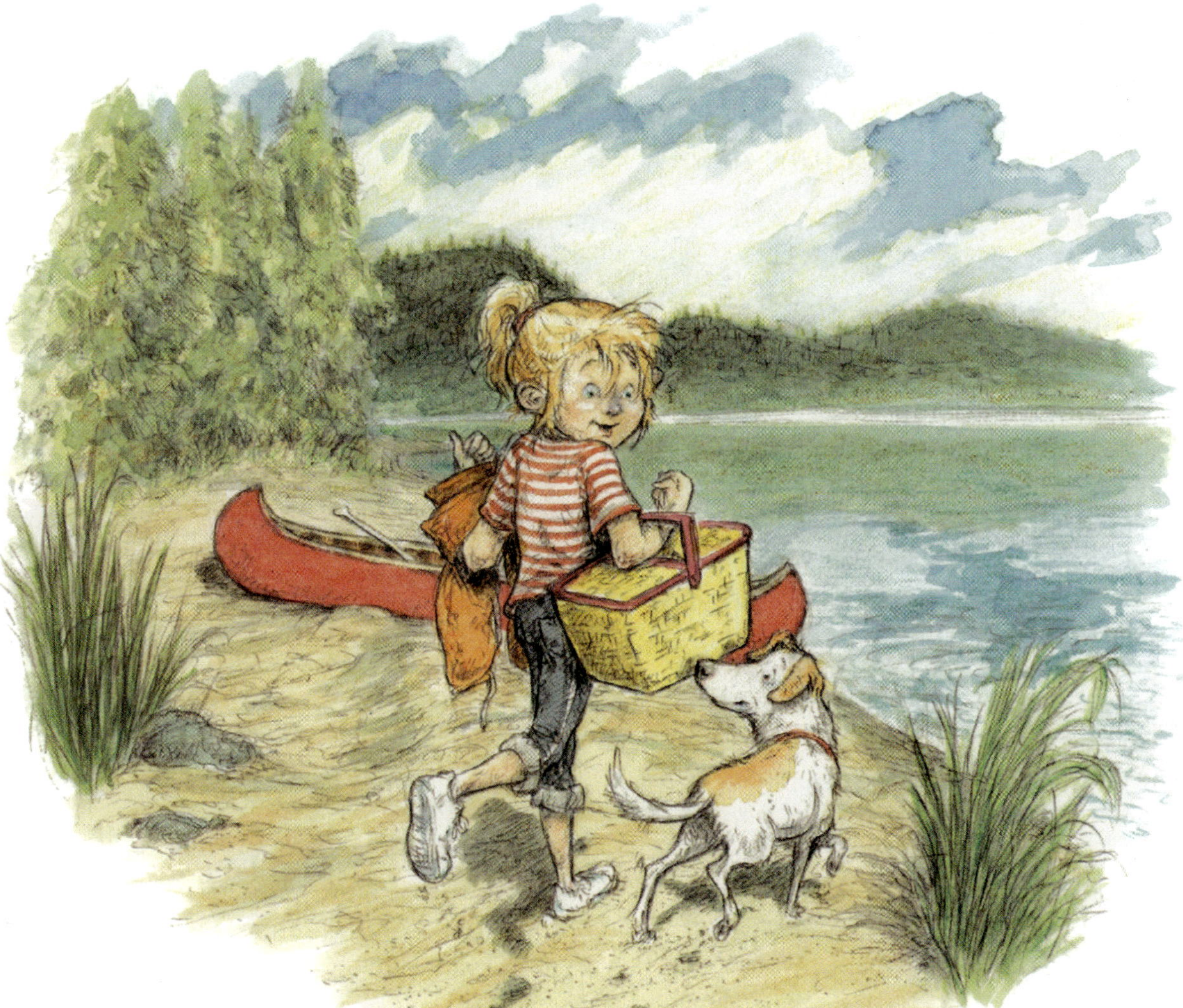

POR MARY CASANOVA
ILUSTRADO POR ARD HOYT

HOUGHTON MIFFLIN HARCOURT
School Publishers

A Charles, mi compañero de canoa,
y a todos los que se aventuran
—M.C.

A mi querida esposa, Kjerstin,
por la aventura de toda una vida
—A.H.

Copyright © by Houghton Mifflin Harcourt Publishing Company

All rights reserved. No part of this work may be reproduced or transmitted in any form or by any means, electronic or mechanical, including photocopying or recording, or by any information storage and retrieval system, without the prior written permission of the copyright owner unless such copying is expressly permitted by federal copyright law. Requests for permission to make copies of any part of the work should be addressed to Houghton Mifflin Harcourt Publishing Company, Attn: Contracts, Copyrights, and Licensing, 9400 SouthPark Center Loop, Orlando, Florida 32819.

Acknowledgments

One-Dog Canoe by Mary Casanova, illustrated by Ard Hoyt. Text copyright © 2003 by Mary Casanova. Illustrations copyright © 2003 by Ard Hoyt. All rights reserved. Reprinted by permission of Melanie Kroupa Books, a division of Farrar, Straus and Giroux, LLC.

Printed in the United States

ISBN: 978-0-547-13251-8

23456789 – 0914 – 14 13 12 11 10
4500224195

If you have received these materials as examination copies free of charge, Houghton Mifflin Harcourt Publishing Company retains title to the materials and they may not be resold. Resale of examination copies is strictly prohibited.

Possession of this publication in print format does not entitle users to convert this publication, or any portion of it, into electronic format.

Zarpé una mañana en mi canoa carmesí.
Mi perro movió la cola:
—¿Puedes llevarme a mí?

—Claro que sí —le respondí—,
este viaje es solo para ti y para mí.

Remé por las aguas de color azul.
Castor dejó de comer, y dijo así:
—¿Puedes llevarme a mí?

—No hay lugar en mi canoa carmesí.
Y con un gran clavado,
Castor se puso a mi lado.

Entre helechos y libélulas,
Gavia alzó el vuelo, y dijo así:
—¿Puedes llevarme a mí?

—Dudo que quepas en mi canoa carmesí.

Pero de un ¡huyuyuy!,
Gavia cayó encima de mí.

Vimos telarañas plateadas con rocío.
—¿Puedes llevarme a mí? —dijo Lobo,
entre los pinos, a orillas del río.

—Otra vez será —le respondí.
Llevo un castor, una gavia, y a
mi perro, en mi canoa carmesí.

Pero aún así, Lobo como flecha se lanzó
y a mi lado se sentó.

Y así seguí remando en mi canoa carmesí.
Oso bajó de un árbol:
—¿Puedes llevarme a mí?
—¡Si te llevo nos volteamos!
Llevo un castor, una gavia, un lobo y a mi
perro, en mi canoa carmesí.

Pero con un gruñido y una dura
carambola, Oso se cayó de cola.

Seguí remando en forma
de J y de C.
Tenía que ser así.
Alce alzó la cabeza:
—¿Puedes llevarme a mí?

—Si vienes, nos vas a hundir. Llevo un castor, una gavia, un oso, un lobo y a mi perro, en mi canoa carmesí.

Pero de un tirón, sin más ni más,
Alce cayó justo atrás.

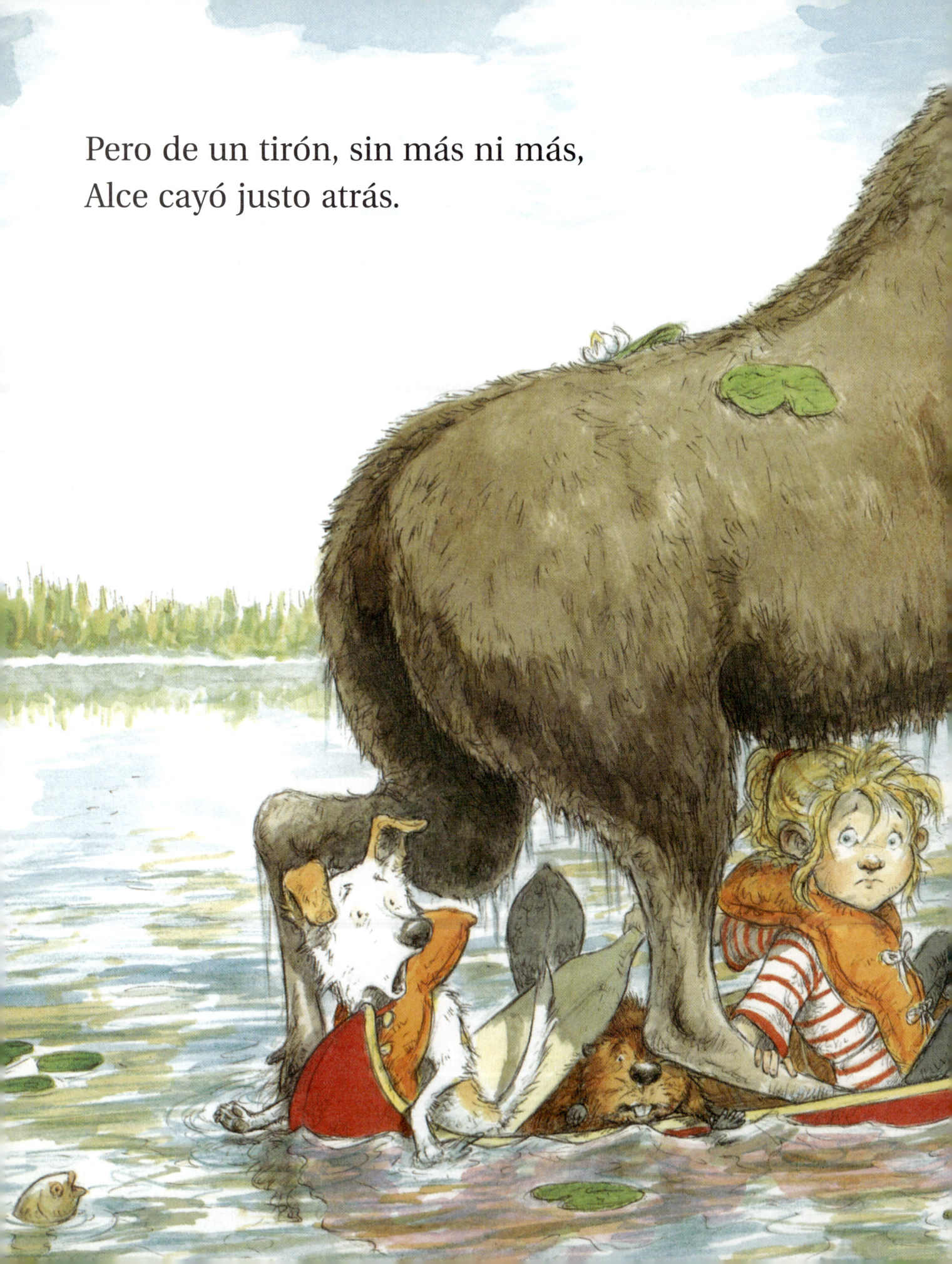

Tambalea y bambalea,
mi canoa carmesí.

Dice Rana desde una roca:
—¿Puedes llevarme a mí?

21

—Rana, ¿no ves desde ahí?
Llevo un castor, una gavia, un oso, un lobo,
un alce y a mi perro, en mi canoa carmesí.

Pero de un
gran salto...

¡Plas!

¡Requeteplás!

Chapoteamos y nadamos,
en la arena nos secamos.
—Lo siento —dijo Castor—,
debimos hacerte caso. Solo el perro
cabe en tu canoa carmesí.
—No es nada —le contesté, y sonreí.

Entre todos sacamos el agua de la canoa.
De empujón en empujón nos fuimos lejos
los dos, y a todos dijimos adiós.

Con las luces de la aurora
partimos desde aquí...

Solos, mi perro y yo,
en mi canoa carmesí.